GÉNÉALOGIE

DE LA

MAISON D'AUBUSSON.

IMPRIMERIE DE ALFRED GOURCIER,
rue du Jardinet, n° 12.

GÉNÉALOGIE

DE LA

MAISON D'AUBUSSON.

La maison d'Aubusson de la Feuillade est une des plus anciennes et des plus illustres de France, et dont l'origine est le mieux établie. Le père Anselme, dans l'*Histoire de la Maison de France*, ne commence la généalogie de la maison d'Aubusson qu'en l'an 887; mais il est démontré que cette maison remonte beaucoup plus haut.

Un prince d'Aubusson assistait à la bataille de Poitiers, où Charles-Martel détruisit ou fit prisonniers plus de deux cent mille Maures (en l'an 726). On lit dans l'*Histoire de la Marche* (tome II, page 83), que ce prince, Ebon d'Aubusson, attira dans ses domaines vingt mille de ces Maures, pour fonder les manufactures qui depuis vivifièrent le pays. C'est en mémoire de cette bataille de Poitiers, que les princes-vicomtes d'Aubusson et de la Marche, portent pour cimier dans leurs armes une tête de Maure au-dessus de leur couronne. On voit figurer ce même prince, Ebon d'Aubusson, dans un titre imprimé dans la *Gallia christiana*, tome II, *instrumenta*, page 177. C'est une fondation faite par une dame Carissime d'Aubusson, fille d'un comte de Bourges, qui commence ainsi : ... *Ego Carissima ... etc., facta est ordinatio vel donum istud, septembri indict. prima lunæ 5ᵃ, vesano Childerico de regali sede ejecto, ac Pipino rege piissimo a Francis in eodem regno pro eo instituto...... Signum,* EBONIS PRINCIPIS ALBUSONENSIS. *Sig.* EBALONIS COMITIS, etc.

(Or, Pepin est monté sur le trône en l'an 750.)

Cinquante-trois ans après, Charlemagne confirma cette même

donation; ce second diplôme est aussi imprimé dans la *Gallia christiana*, tome II, *instrumenta*, page 178; il commence ainsi : .... *In nomine Dei, ego Karolus, etc.... anno siquidem tertio nostri imperii... etc.* (l'an 803) ASTANTIBUS PRINCIPIBUS NOSTRIS, *scilicet* DOMINO TURPIONE, OTGERIO *palatino......* etc. A la vérité, le mot *Albusonensis* ne se trouve pas dans ce second diplôme; mais comme il était très rare alors que l'on prît un nom de famille, comme le nom de Turpion était alors un des noms de la famille d'Aubusson, témoin l'évêque de Limoges, TURPION D'AUBUSSON, qui vivait quelques années après; comme ce dernier diplôme n'est qu'une suite, une confirmation du premier, fait comme le premier en présence des parens de la fondatrice et des plus grands seigneurs du pays, il est évident que le prince Turpion était fils du prince Ebon d'Aubusson. Enfin, le grand-palatin étant alors la seconde personne de l'empire, le prince Turpion étant nommé par Charlemagne avant le prince Ogier, son neveu, et qualifié par l'empereur PRINCE et SEIGNEUR-SOUVERAIN (DOMINUS), comme les rois d'Angleterre et autres potentats, il est démontré que les princes d'Aubusson marchaient alors au rang des souverains. Louis XIV, dans les lettres-patentes du duché de la Feuillade, imprimées dans l'histoire du père Anselme, fait mention d'un seigneur EBON D'AUBUSSON, signé *à la donation de Pepin-le-Bref,* père de Charlemagne; donation que l'on vient de citer, signée par ce même prince Ebon d'Aubusson; ainsi les rois capétiens, qui ne sont montés sur le trône qu'en l'an 987, ont reconnu authentiquement que les princes-vicomtes d'Aubusson et de la Marche étaient illustres dès l'an 750..... Ils étaient alors souverains, comme le prouvent les armes d'Aubusson que l'on voit depuis plus de mille ans sur les tours et portes de la plupart des villes de la Marche, et aussi le grand nombre d'abbayes qu'ils ont fondées, telles que les abbayes de Limoges, de Tulle, d'Uzerches, de Blessac, et autres.

On voit, par le titre cité plus haut, que les anciens princes d'Aubusson passaient avant les comtes de provinces...

signum Ebonis principis Albusonensis, et ensuite *signum* Ebalonis comitis.... Aussi les anciens princes d'Aubusson devaient avoir le pas sur les comtes de la Marche. C'est le roi Eudes qui, depuis, les a qualifiés vicomtes, ainsi que la maison de Porrohet-Rohan et les vicomtes de Limoges. Il est prouvé d'ailleurs que les princes-vicomtes d'Aubusson levaient des armées, battaient monnaie, anoblissaient et exerçaient tous les droits régaliens, ainsi que les vicomtes-souverains de Limoges et de Turenne, qui prenaient souvent le titre de princes, comme les princes-vicomtes d'Aubusson. En effet, tous les anciens auteurs, tels que Loiseau, Chopin, Terrien, Coquille, etc., sont d'accord que la qualité de prince n'était prise alors que par les chefs de la nation, qui jouissaient en effet des droits de la souveraineté, tels que Charles-Martel, Carloman, frère de Charlemagne, Pepin-le-Bref, qualifiés princes des Français, avant que ce dernier prît le titre de roi, comme aussi les princes-ducs souverains d'Aquitaine...... La maison d'Aubusson est peut-être la seule famille française dont on puisse prouver que Pepin et Charlemagne aient traité les auteurs de princes et seigneurs, dominus.

Charlemagne a fondé le nouvel empire romain; ainsi MM. d'Aubusson, dont les ancêtres étaient princes sous Pepin et Charlemagne, sont sans contredit anciens princes du Saint-Empire.

Le prince Ebon d'Aubusson, connu en 750, était père du prince Turpion, connu en 803, lequel eut pour fils N... d'Aubusson, qui, dans l'histoire du père Anselme, commence la généalogie de la famille d'Aubusson. C'est cet historien que nous suivons.

I. N.... d'Aubusson, vivant dans le neuvième siècle, n'est connu que par ses enfans, qui furent :

    1°. Ranulphe Ier, qui suit.

    2°. Turpion, évêque de Limoges en 898. Il mourut le 25 juillet 944.

    3°. Aymon, abbé de Saint-Martial de Limoges en 942. Il mourut le 27 mai 974.

4°. Martin, abbé de Saint-Cyprien de Poitiers et de Saint-Augustin de Limoges, en 933 et 934.

II. Ranulphe d'Aubusson, Ier du nom, fut créé vicomte par le roi Eudes en 887. Il avait épousé Godolinde, de laquelle il laissa :

1°. Robert, vicomte d'Aubusson, père d'Officine, qui épousa Foucher, seigneur de Chabanais.

2°. Rainaud Ier, qui suit.

3°. Boson, abbé laïc des monastères de Rozeilles et d'Evau.

III. Rainaud d'Aubusson, Ier du nom, qualifié de vicomte dans une charte de 934. Il épousa Alsinde, de laquelle il eut :

IV. Ranulphe d'Aubusson, IIe du nom, surnommé Tète de cheval, tué l'an 1031. Il avait épousé Aymarde de Turenne, fille de Bernard, vicomte de Turenne, de laquelle il laissa :

1°. Rainaud, IIe du nom, qui ne laissa point de postérité.

2°. Ranulphe, dont l'article suit.

3°. Farelde, qui épousa Aymard de la Roche.

V. Ranulphe d'Aubusson, IIIe du nom, fut vicomte d'Aubusson après la mort de Rainaud, IIe du nom, son frère, qui ne laissait point d'enfans. Le nom de la femme de Ranulphe est ignoré, mais il est certain qu'il laissa les enfans qui suivent :

1°. Rainaud III, qui suit.

2°. Agnès, mariée à Gulfier, seigneur de la Tour.

VI. Rainaud, vicomte d'Aubusson, IIIe du nom, qui épousa Adélaïde d'Uriec, de laquelle il laissa :

1°. Ranulphe, IVe du nom, qui lui succéda, mais qui ne laissa point de postérité d'Alix de Magnac.

2°. Guillaume Ier, qui suit.

VII. Guillaume, vicomte d'Aubusson, Ier du nom, succéda à son frère Ranulphe IV, et épousa Agnès, qui, étant veuve,

se fit religieuse à Fontevrault et fut la première prieure
de Tusson. Il laissa d'elle :

VIII. Rainaud, vicomte d'Aubusson, IVᵉ du nom, qui fonda
le prieuré de Blessac en Limosin, où il se fit religieux,
après la mort d'Hélis, sa femme, fille d'Archambaud-le-
Barbu, IIIᵉ du nom, vicomte de Comborn. Il laissa d'elle :

1°. Rainaud V, qui viendra.

2°., 3°., 4°. Guillaume, Gui et Ranulphe.

5°. Ahel, femme de Pierre Ebrard.

6°. Rohilde, épouse de Guillaume de Saint-Marc.

IX. Rainaud, vicomte d'Aubusson, Vᵉ du nom, surnommé
Le Lépreux, fit le voyage de la Terre-Sainte et fut re-
tenu prisonnier à son retour, pendant quelque temps ;
il avait épousé Matabrune de Ventadour, de laquelle il
laissa :

1°. Guy Iᵉʳ, qui viendra.

2°. Ranulphe, dont il est fait mention dans des actes
en 1192.

3°. Guillaume, abbé de l'église de Clermont.

4°. Jean, religieux à Notre-Dame-du-Palais, dans le
diocèse de Limoges.

5°. Agnès, femme de Bernard de la Roche-Aymon.

X. Guy, vicomte d'Aubusson, Iᵉʳ du nom, vivant en 1177
et 1194, fit le voyage de la Terre-Sainte, et épousa
Assalide de Comborn, fille d'Archambaud IV et de Jour-
daine de Périgord, dont il eut :

XI. Rainaud, vicomte d'Aubusson, VIᵉ du nom, qui se croisa
contre les Albigeois. Les historiens les plus accrédités
disent que ce vicomte vivait avec grand honneur dans son
pays, qu'il aimait beaucoup la poésie, et que Marguerite, sa
femme, prenait un plaisir singulier à entendre les vers pro-
vençaux. Il mourut en 1249, laissant :

1°. Guy II, vicomte d'Aubusson, vivant encore en 1260.
C'est dans son fils, Rainaud VII, que s'éteint la
branche aînée des vicomtes d'Aubusson, vers 1265.

Aleügarde, sa sœur, dame de Massignac, épousa en

premières noces Eric de Beaujeu , et en secondes noces
Guillaume de Roche-de-Goux.

2°. Ranulphe IV , seigneur de la Borne , qui continua la
postérité et dont l'article suit.

3°. Guillaume Damoiseau, mort avant 1260.

4°. Gérard , abbé de Sarlat en 1254.

5°. Agnès , mariée avant 1244 à Aymon , seigneur de
la Roche-Aymon , morte en 1263.

6°. Assalide , religieuse en 1256.

XII. Ranulphe d'Aubusson , IVe du nom , seigneur de la
Borne, avait fondé la branche distinctive de ce nom , lors-
qu'à la mort de son neveu, Raymond VII, il fut appelé à
être la souche unique de l'illustre maison d'Aubusson ; il
vivait encore le 14 février 1278. Il avait épousé Séguine de
Pierre Buffière , de laquelle il eut :

1°. Raynaud , qui épousa Dauphine de la Tour.

2°. Guillaume II , qui suit.

3°. Pierre, qui fut père de Marguerite qui épousa Géraud
de Saint-Amant.

4°. Ranulphe , religieux chez les frères mineurs.

XIII. Guillaume d'Aubusson , IIe du nom , seigneur de la
Borne , mort avant 1317 , laissant de Guillemette , sa
femme :

1°. Raynaud VI , qui suit.

2°. et 3°. Gérard et Robert , mentionnés dans une note
dès 342.

4°. Guillaume , que l'on croit souche de la branche
d'Aubusson , seigneur de Bauson et de la Malerie.

XIV. Raynaud d'Aubusson, VIe du nom, seigneur de la Borne,
de Monteil-au-Vicomte et de la Feuillade , mort en 1353 ,
laissa de Marguerite, sa femme :

1°. Guy III , qui suit.

2°. N...., mariée à Pierre , seigneur de Maumont, vivant en 1373.

XV. Guy d'Aubusson , IIIe du nom , seigneur de la Borne. Les
Anglais l'ayant fait prisonnier dans son château de Mon-

teil, où il s'était vaillamment défendu, l'emmenèrent avec
sa femme et ses enfans ; et il mourut en 1365. Il avait
épousé Marguerite de Vantadour-Donzenac, en 1332, de
laquelle il laissa :

1°. Louis, mort sans enfans de Guérine de Dièze, qu'il
avait épousée en 1354.

2°. Guy, IVᵉ du nom, mort sans enfans. Son frère,
Jean Iᵉʳ, lui succéda.

3°. Jean Iᵉʳ, qui suit.

4°. Guillemette, mariée à Pierre Vigier, seigneur de
Saint-Seurin.

5°. Jeanne, mariée en 1354, à Joubert, seigneur de
Diène.

6°. Alix, mariée à Dauphin de Maleval.

XVI. Jean d'Aubusson, Iᵉʳ du nom, seigneur de la Borne,
mort en 1420, avait épousé Guyenne de Monterac, petite
nièce du pape Innocent VI, de laquelle il laissa :

1°. Jean II, chambellan du roi en 1447. Il continua la
branche de la Borne, qui s'éteignit le 23 février 1533,
dans la personne de Charles d'Aubusson, qui avait
épousé Jeanne de Montal, de laquelle il ne laissa
qu'une fille mariée au seigneur de Montagu. De ce
même Jean II vint Antoine d'Aubusson, chambellan du
roi en 1466. Il fonda la branche des seigneurs de Vil-
leneuve, laquelle s'éteignit en 1550, dans la personne
de Pierre, qui avait épousé Anne de la Gorce de Gourdon, de laquelle il ne laissa que des filles.

GRAND-MAITRE DE L'ORDRE DE MALTE.

2°. Raynaud d'Aubusson, qui a fondé la branche des seigneurs de Monteil-au-Vicomte, et qui, entre autres
enfans, fut père de Pierre d'Aubusson, grand-maître
de l'Ordre de Saint-Jean-de-Jérusalem, si célèbre dans
l'histoire. Jamais les chevaliers de cet ordre n'eurent
un souverain plus accompli. C'est lui qui fit fermer le

port de Rhodes d'une grosse chaîne, bâtir des tours
et des forts pour repousser les efforts des Turcs qui
menaçaient l'île depuis long-temps. Une flotte forte
de 160 voiles et de cent mille hommes parut devant
Rhodes en 1480; mais la vigoureuse résistance des
chevaliers, et surtout la valeur éclairée du grand-
maître, qui y reçut cinq blessures considérables, for-
cèrent les Turcs, deux mois après, de lever le siége,
après avoir éprouvé des pertes énormes. Le souverain
pontife le déclara BOUCLIER DE LA CHRÉTIENTÉ, et il fut
choisi entre tous les souverains pour commander la
croisade alors projetée, où l'on devait voir marcher,
sous les ordres d'un AUBUSSON, Charles VIII et tous
les rois de l'Europe. Il mourut le 13 juillet 1505. Son
nom est toujours cité avec orgueil par les chevaliers
de Malte, et l'histoire peut l'offrir pour modèle aux
souverains qui lui succéderont. Il avait pour frère
ANTOINE D'AUBUSSON DE MONTEIL, chambellan du roi; il
leva à ses frais une armée qu'il conduisit à Rhodes
pour soutenir le grand-maître; il fut fait capitaine-
général de la place. Ainsi c'est la maison d'AUBUSSON
qui a sauvé l'ordre et peut-être le monde chrétien, de
l'invasion des Turcs. Louis d'Aubusson, évêque de
Tulle, et Guichard d'Aubusson, évêque de Conserans,
en 1455 et 1460, étaient frères du grand-maître et
d'Antoine.

BRANCHE DES DUCS DE LA FEUILLADE.

3°. GUILLAUME D'AUBUSSON, qui eut en partage la seigneu-
rie de la Feuillade, nom qui servit à distinguer sa
branche; elle a fourni plusieurs hommes célèbres
dans les fastes de la France et de l'Europe : je vais les
mentionner. FRANÇOIS D'AUBUSSON, chevalier des ordres
en 1600; GEORGES D'AUBUSSON, chevalier des ordres,
ambassadeur en Espagne en 1614; autre GEORGES D'AU-

busson, évêque de Metz, prince de l'empire, illustre par ses ambassades en 1667; Paul d'Aubusson, son frère, fit prisonnier le frère du Grand-Turc en 1645 ; François, vicomte d'Aubusson, duc de la Feuillade, pair et maréchal de France, chevalier des ordres du roi, vice-roi de Sicile : il se distingua à la bataille de Réthel en 1650, força les premières lignes à Arras en 1654, et battit complètement les Turcs à Saint-Gothard en 1664 ; il suivit Louis XIV à la conquête de la Franche-Comté en 1674, et commanda l'armée sous ce prince dans la campagne de 1676. Son amour et son admiration pour le roi lui firent élever à ses frais, en 1586, une statue pédestre de Louis-le-Grand, sur la place des Victoires, à Paris (1) Il mourut subitement le 19 septembre 1691, laissant de Charlotte Gouffier, duchesse de Rouannais, son épouse, Louis vicomte d'Aubusson, duc de la Feuillade, pair et maréchal de France, l'un des hommes les plus brillans et les plus aimables de son siècle; combattit à Fleurus, Mons et Namur en 1692, fut chargé de la guerre contre le duc de Savoie, qu'il battit en Piémont. Il fit le siége de Turin le 13 mai 1706, et mourut le 29 janvier 1725, sans laisser de postérité. En lui s'éteignit la branche d'Aubusson-la-Feuillade, qui avait fourni le rameau de Chassin-Grimont, lequel finit en 1675.

4°. Guy V^e, souche de la branche de Villac-Miremont, dont l'article va suivre.

5°. Louis, chevalier de Rhodes en 1421, commandeur de Charroux en 1464.

---

(1) En mémoire de cette érection, le chef de la maison d'Aubusson présente tous les cinq ans, au roi régnant, une médaille d'or qui porte pour légende : PATRI EXERCITUUM ET DUCTORI SEMPER FELICI ; et dans l'exergue : FRANC. VIC. COM. D'AUBUSSON AREA PUBLICA LUTETIARUM, ANNO 1686. Au revers est la tête de Louis XIV.

6°. Jacques, religieux à Fontevrault, et vivant en 1468.

7°. Gilles, religieux dans l'abbaye de Tulles en 1428 et
1445.

8°. Antoine, évêque de Bethléem en 1468.

9°. Jeanne, morte en 1452 ; elle avait épousé Bertrand,
seigneur de Saint-Avit.

10°. Catherine, mariée à Nicolas, seigneur de Maumont.

11°. Marguerite, mariée au seigneur de Touzelles.

12°. Marie, religieuse et prieure de Blessac.

13°. Philippe, mariée en 1451 à Jean de Gontant, baron
de Saint-Geniez et de Badefol.

XVII. Guy d'Aubusson, V.ᵉ du nom, quatrième fils de Jean
premier, fonde la branche de Villac. Il vivait en 1420 et
1470. Il avait épousé Arsène-Louise-Hélie, fille de Gulfier, seigneur de Villac, et de Jeanne de Roffignac ; de ce
mariage vinrent :

1°. Gilles, qui suit.

2°. Bérard, prieur commandataire d'Ontroine, qui testa
en 1508.

3°. Gulfier.

XVIII. Gilles d'Aubusson, I.ᵉʳ du nom, seigneur de Villac,
fit son testament le 10 août 1515. Il avait épousé, 1°. le
5 mars 1466, Jeanne Reynel, dont il n'eut point d'enfans ;
2°. Françoise de Beaupoil de la Force, de laquelle il
laissa :

1°. Jean, qui continua la branche des seigneurs de Villac, laquelle s'éteignit le 27 janvier 1752, dans la
personne de Louis-Charles-Armand, dit le comte de
la Feuillade, mort à l'âge de 17 ans. De cette branche
de Villac était issue celle de Savignac, qui finit à la
troisième génération.

2°. François I.ᵉʳ, qui fonde la branche des seigneurs de
Beauregard, et dont l'article va suivre.

3°. Frotard, marié à Jeanne de Millac.

4°. Margueritte, qui épousa, le 29 août 1495, Jean-
Ricard de Gourdon Genouillac.

XIX. François d'Aubusson, Ier du nom, deuxième fils de Gilles premier, forme la branche de Beauregard avec Jeanne d'Abzac de la Douze, qu'il avait épousée le 15 juillet 1515, et de laquelle il eut :

    1°. Jean III, qui suit.

    2°. Gabriel, vivant en 1566.

    3°. Isabeau, mariée le 27 janvier 1532, à Charles de Gainq, seigneur de Linars.

XX. Jean d'Aubusson, IIIe du nom, seigneur de Beauregard, de la Rue et de Castel-Nouvel, testa le 29 juillet 1564. Il avait épousé Antoinette de Lomagne-Terrides. De ce mariage vinrent :

    1°. Foucaud Ier, qui suit.

    2°. Jean, chevalier de Malte, qui testa le 12 mai 1572.

    3°. Marguerite, mariée, 1°. en 1562 à François de Sainte-Fortunade, seigneur de Chadrac ; 2°. à François, baron de Lentillac.

    4°. Blanche, mariée 1°. en 1571, à François de Rogère, seigneur de Lons.

    5°. Isabeau, vivante en 1590.

XXI. Foucaud d'Aubusson, Ier du nom, seigneur de Beauregard, chevalier de l'ordre du roi, capitaine de cinquante hommes d'armes de ses ordonnances, épousa, 1°. le 28 mai 1561, Françoise de Pompadour ; 2°. le 14 janvier 1588, Anne d'Abzac.

Du premier lit vinrent :

    1°. Antoine, mort sans alliance.

    2°. François, qui continua la branche des seigneurs de Beauregard, laquelle s'éteignit dans la personne de Charles, son fils, vers l'an 1642.

    3°. Hugues, vivant en 1600.

    4°. et 5°. Jean et Georges, morts jeunes.

    6°. Isabeau, mariée en 1588, à N***, seigneur de Labatut.

    7°. Suzanne, qui fit une donation en 1600.

8°. Anne, mariée, le 24 août 1593, à Mercure de Corn, seigneur de Queissac.

Du second lit vinrent :

1°. François, mort sans alliance après 1618.

2°. François, dit le jeune, vivant en 1618.

3°. Hector Ier, qui fait la branche de Castel-Nouvel et dont l'article suit.

XXII. Hector d'Aubusson, Ier du nom, troisième fils du second lit de Foucaud Ier, vicomte d'Aubusson, seigneur de Beauregard, fonde la branche de Castel-Nouvel avec Madeleine de Raymond de Vignoles, qu'il avait épousée le 16 avril 1633, sous la minorité de Louis XIV. Il assembla ses vassaux et les gentilshommes de sa province, et chassa les princes rebelles du Limosin et du Périgord ; il fut fait lieutenant-général en 1650 : son épouse vivait veuve le 18 février 1667 ; il laissa d'elle les enfans qui suivent :

1°. Godefroi Ier, qui suit.

2°. Louise, mariée le 27 janvier 1654, à Jean d'Aubusson, de la branche de Villac-Miremont.

3°. Marguerite, ursuline à Brives.

4°. Béatrix, mariée le 18 janvier 1667 à Joseph-Pierre de Lentillac.

5°. Catherine, religieuse à Argental.

XXIII. Godefroi d'Aubusson, Ier du nom, seigneur de Castel-Nouvel, dit le marquis de Saint-Paul, mourut en 1692. Il avait épousé, le 27 février 1661, Anne de Chauveron de Dussac, de laquelle il eut :

1°. André-Joseph Ier, qui suit.

2°. Annet, chevalier de Malte, page du grand-maître en 1693.

3°. Jacques, ecclésiastique, député de la province de Bourges à l'assemblée du clergé, en 1710.

4°. Madeleine, carmelite à Bordeaux.

5°. Jeanne, religieuse.

6°. et 7°. URSULE et JEANNE-AGNÈS, reçues à Saint-Cyr en 1694 et 1696.

XXIV. ANDRÉ-JOSEPH D'AUBUSSON, Ier du nom, seigneur de Castel-Nouvel, dit le MARQUIS D'AUBUSSON, fut page du roi le 1er janvier 1693, capitaine de cavalerie dans le régiment de la Feuillade, dont il devint mestre-de-camp en 1702, brigadier des armées du roi le 30 janvier 1709, maréchal-de-camp le 1er février 1719, enfin lieutenant-général des armées à la promotion du 7 mars 1734. Il mourut en son château de Jaure en Périgord, le 1er août 1741. Il avait épousé, en juin 1708, JEANNE-BAPTISTE-ÉLISABETH-CHARLOTTE DE VERNON, héritière de MELZÉARD, fille de Jean-Baptiste GASTON DE VERNON, seigneur de MELZÉARD, et d'ÉLISABETH DE-SAINTE-MAURE-JONZAC. De ce mariage vinrent :

1°. LOUIS-CHARLES, dit le MARQUIS D'AUBUSSON, capitaine de cavalerie dans le régiment de Royal-Piémont, en 1741, tué à l'armée.

2°. PIERRE-ARNAUD Ier, qui suit.

3°. N...... D'AUBUSSON, mariée à LOUIS-CHARLES DE CRUSSOL, marquis de MONTAUSIER, dont le marquis de MONTAUSIER d'aujourd'hui.

XXV. PIERRE-ARNAUD D'AUBUSSON, dit le chevalier d'AUBUSSON, mousquetaire du roi dans la seconde compagnie, en 1741 ; depuis, capitaine au régiment de BEZONS, cavalerie, recueillit, en 1752, la substitution établie par les ducs de LA FEUILLADE, et mourut en 1799. Il avait épousé en premières noces, par contrat du 14 mai 1754, signé par SA MAJESTÉ et la famille royale le 10 avril précédent, JEANNE-MARIE D'HAUTEFORT, fille de JEAN-LOUIS D'HAUTEFORT, COMTE DE VANDRE, morte sans enfans ; il épousa en secondes noces, en 1762, CATHERINE L'ÉTOILE-DE-GRAVILLE, fille du comte de GRAVILLE, lieutenant-général et cordon rouge, dont il eut :

1°. PIERRE-JACQUES-ALEXANDRE, dont l'article viendra.

2°. PIERRE-RAIMOND-HECTOR D'AUBUSSON, né en janvier 1765, connu aujourd'hui sous le nom de COMTE

D'Aubusson; en 1791 il avait rang de colonel dans les troupes françaises. Il a épousé, en 1791, Agathe de Refuveille, fille du comte de Refuveille, maréchal-de-camp, dont il a :

    A. Pierre d'Aubusson, né en 1793, colonel d'infanterie.

    B. Raimond d'Aubusson, sous‑lieutenant, tué en Russie.

    C. Blanche d'Aubusson.

    D. Amanda d'Aubusson, qui a épousé le duc de Lévis.

XXVI. Pierre-Jacques-Alexandre d'Aubusson, vicomte d'Aubusson, et connu sous le nom de marquis de la Feuillade, né en mars 1763, héritier substitué des ducs de la Feuillade, a présenté à S. M. Louis XVI la médaille d'or que l'aîné de la maison doit offrir tous les cinq ans à ses souverains, en mémoire de l'érection du monument de la place des Victoires.

Nota. Il n'existe plus d'autres personnages de la maison d'Aubusson, que ceux cités dans cette généalogie, et la duchesse d'Harcourt, née d'Aubusson, tante à la mode de Bretagne de MM. d'Aubusson.

Armes : d'or, a la croix ancrée de gueules.